Carrera alrededor del MUND

EDICIÓN PATHFINDER

Por Brian LaFleur y Beth Geiger

CONTENIDO

Carrera por el DESIERTO

Por Brian LaFleur

Te agradaría correr por un desierto extremadamente caluroso? Llevarás todos tus alimentos y bebidas sobre tu espalda. Al final del día, estarás exhausto y te derrumbarás en una carpa. ¡Luego te despertarás la mañana siguiente y volverás a empezar!

Cada año, un grupo de **duros** corredores atraviesan el desierto. No es fácil, y muchos de estos corredores opinan que es bastante desagradable. Sin embargo lo hacen porque aman el desafío.

Estos corredores atraviesan corriendo los lugares más difíciles de la Tierra. Todo es parte de la Carrera de los Cuatro Desiertos. No se trata de una carrera común. La carrera tiene cuatro partes. Cada parte se realiza en un desierto diferente: el desierto de Atacama, Gobi, Sahara y la Antártida. ¡Los corredores atraviesan los lugares más secos, más calurosos, más fríos y más ventosos de la Tierra!

Cada una de las partes tiene 250 kilómetros (155 millas) de largo. Los corredores deben recorrerlas en seis días. ¿Esta carrera es para ti? En tal caso, aquí encontrarás lo que necesitas saber.

Circunstancias difíciles. *Un corredor italiano recorre el desierto de Atacama en Chile, América del Sur.*

Datos del desierto

Antes de comenzar a correr, debes tener algunos conocimientos acerca del desierto. ¡Esto te ayudará a planificar para lo que te espera! Hay desiertos en todos los continentes. Todos tienen una cosa en común: son secos. Los desiertos reciben menos de 25 centímetros (10 pulgadas) de lluvia o nieve por año.

Aquí es donde terminan las similitudes. Puedes encontrar desiertos de todas las formas y tamaños. Algunos desiertos son calurosos y arenosos, mientras que otros son fríos y rocosos. Algunos son planos y otros tienen montañas. Cada desierto es diferente.

Estas diferencias significan que cada desierto plantea sus propios desafíos para los corredores. Una semana tendrás calor, y la siguiente tendrás frío. Escalarás montañas y caminarás pesadamente por la arena.

El seco Atacama

Ya has adquirido los conocimientos sobre los desiertos y estás preparado para la carrera. Te has entrenado por meses. Has preparado tu ropa y alimentos. ¡Que comience la carrera!

En marzo, volarás a Chile, en América del Sur. Aquí te enfrentarás al Atacama, el primer desierto de la carrera. También es el lugar más seco de la Tierra. Los científicos han medido las precipitaciones por mucho tiempo. En algunos lugares, ¡nunca se ha visto una gota de agua! ¡La tierra es tan **desolada** y seca que aquí se han filmado películas sobre Marte!

La peor parte de la carrera son las salinas. Ninguna parte del entrenamiento puede prepararte para esto. Un corredor dijo que era como "caminar sobre millones de trozos de vidrio roto, pedregullo desparejo y piedras duras, todo al mismo tiempo".

Cuando llegues a la línea de llegada, podrás olvidar el dolor. ¿Deseas hacerlo nuevamente? Bien, ¡porque aún tienes tres desiertos más que atravesar!

Ubicaciones de la Carrera de los Cuatro Desiertos

EUROPA

ASIA

2

AMÉRICA DEL NORTE

3

ÁFRICA

AMÉRICA DEL SUR

1

AUSTRALIA

N
W E
S

4

ANTÁRTIDA

1 Desierto de Atacama

El desierto más seco.
Las llamas descansan en el Desierto de Atacama de Chile.

El extremo Gobi

Después de Chile, tendrás un tiempo para ir a casa y descansar. En junio, ¡es tiempo de correr nuevamente! En esta parte, volarás a China, donde te enfrentarás al desierto de Gobi. Tiene algunas zonas arenosas, pero la mayor parte es rocosa.

Es difícil preparar las provisiones para esta parte de la carrera. El desierto de Gobi es un lugar de **extremos**. Los días de un calor agobiante se pueden convertir en noches heladas. Puede ser verano, pero en las montañas te esperan fuertes vientos e incluso nieve. Es mejor preparar capas de indumentaria que ponerse y sacarse.

Es posible que encuentres personas cuando recorras el desierto de Gobi. La mayoría de las personas que viven allí son nómades. Los nómades se trasladan de un lugar a otro, y muchos de ellos crían camellos, ovejas o cabras. Se trasladan adonde pueden conseguir alimento y agua para sus animales. ¡Tú también debes mantenerte en movimiento! Pronto estarás a mitad de camino de la carrera.

2 Gobi

Entrega en el desierto.
Por siglos, los camellos han transportado a personas y bienes a través del desierto de Gobi, en China.

3 Sahara

Viento feroz. *En Egipto, el viento talló la roca e hizo volar la arena en este paisaje del Sahara.*

El cantarín Sahara

En octubre viajarás al Sahara, en el Norte de África. Es el lugar más caluroso de la Tierra. El calor no es el único desafío. Avanzarás caminando por arena, arena y más arena. Los vientos violentos con frecuencia revuelven la arena. Esto puede crear tormentas de arena. Los corredores cubren sus rostros para respirar.

Sin embargo, la arena no es tan mala. En ocasiones, hace un sonido maravilloso, denominado canto de arena. Puede parecer un chirrido, un zumbido o un rugido. No todos los desiertos tienen cantos de arena. ¡Por suerte, este desierto sí los tiene!

Incluso después de una semana, habrás visto tan solo partes de este desierto. El Sahara es el desierto cálido más grande de la Tierra. Y está creciendo. Las sequías y los cultivos en exceso pueden ocasionar el crecimiento de los desiertos. Las tierras secas avanzan sobre zonas que alguna vez fueron verdes. Este proceso se denomina desertificación.

Helada Antártida

Después de cruzar el Sahara, es hora de completar la última parte de la carrera. Tal vez también sea la más difícil. Solo los corredores que terminan las otras partes de la carrera pueden enfrentar este desierto. Te dirigirás a la Antártida. Así es. ¡La Antártida es un desierto!

Es el lugar más frío y más ventoso de la Tierra, y partes de este continente helado reciben menos de cinco centímetros (dos pulgadas) de humedad al año. Aunque no cae mucha nieve, se acumula por siglos en el frío extremo. Aquí los vientos pueden alcanzar velocidades de 300 kilómetros (186 millas) por hora.

Cuando avances con la nieve hasta las rodillas, no estarás solo. Habrá cientos de pingüinos papúa y pingüinos barbijo observándote. Otras aves te espiarán desde el cielo y las focas se sumergirán en las cercanías. ¡Esto puede ayudarte a olvidar el cansancio de tu cuerpo!

Ya se ve la meta final

Con extremo **esfuerzo**, el fin de la carrera está a la vista. Llegarás a la línea de llegada en la Antártida. Es la última. ¡Felicitaciones! Has terminado la Carrera de los cuatro desiertos. Lo lograste.

Cuando pienses en las cosas asombrosas que has visto, olvidarás todos los dolores, ampollas y quemaduras del sol. Después de todo, estos desiertos pueden ser los lugares más duros de la Tierra, pero están también entre los más bellos.

Ya casi llegamos. *¡Felicitaciones! ¡Has completado la tercera carrera! ¡Aún queda una!*

Vocabulario

desolado: vacío, sin personas

duro: difícil y desagradable

esfuerzo: trabajo duro para hacer algo

extremo: grado muy elevado de algo

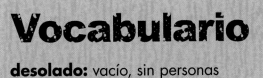

Antártida

Frío helado. *La Antártida rodea el Polo Sur y es el continente más frío de la tierra.*

LOS EXTREMOS
DE LA TIERRA

Por Beth Geiger

La Tierra está llena de extremos y te invitamos a explorarlos. Puedes escalar el pico más alto, navegar por el río más grande, tiritar en el continente más frío y más.

Gran Barrera de Coral

AUSTRALIA

Reino de coral. Pequeñas criaturas marinas denominadas pólipos de coral construyeron una enorme estructura rocosa frente a la costa de Australia. Se denomina Gran Arrecife de Coral. Es el arrecife de coral más grande, con 2000 kilómetros (1250 millas) de largo.

Enorme Everest. No existe ningún pico más alto que el Monte Everest. Se encuentra en la frontera entre China y Nepal. La cima está a 8850 metros (29.035 pies) de altura.

ASIA
← Mt. Everest

Sahara

ÁFRICA

Canciones de arena. El Sahara es el desierto cálido más grande de la Tierra. Se extiende en el Norte de África y tiene aproximadamente el tamaño de los Estados Unidos. Algunas partes no reciben lluvia por varios años consecutivos.

El continente más frío.
Una capa espesa de hielo cubre la Antártida, la tierra que rodea el Polo Sur. Incluso en verano, las temperaturas por lo general se mantienen bajo cero.

ANTÁRTIDA

NORTEAMÉRICA

Gran Cañón

El Gran Cañón.
Tallado por el río Colorado, el Gran Cañón se desliza por el noroeste de Arizona. El cañón tiene 446 kilómetros (227 millas) de largo.

Cataratas fantásticas.
Las Cataratas del Ángel son las cataratas más altas de la Tierra. Quedan en Venezuela. El agua cae 970 metros (3212 pies) desde un acantilado.

Cataratas del Ángel

AMÉRICA DEL SUR

El sorprendente Amazonas.
Ningún río transporta más agua que el Amazonas. Fluye hacia el Este, cruzando Brasil. Alrededor de este poderoso río podemos encontrar la selva tropical más grande del mundo.

Río Amazonas

AMÉRICA DEL SUR

11

ALREDEDOR DE LA TIERRA

Explora los sitios más extremos del planeta para responder estas preguntas.

1 ¿Qué es la Carrera de los Cuatro Desiertos? ¿Dónde se realiza?

2 ¿Por qué los desiertos son lugares tan extremos?

3 ¿En qué se diferencia cada desierto de los demás?

4 ¿Qué puedes aprender acerca de cada desierto de las fotografías de las páginas 4-7?

5 ¿En qué se asemejan los desiertos a otros lugares extremos de la Tierra? ¿En qué se diferencian?